DE LA

POLITIQUE EXTÉRIEURE

DE LA FRANCE

AU 29 OCTOBRE 1840

PAR

M. GUSTAVE DE BEAUMONT

MEMBRE DE LA CHAMBRE DES DÉPUTÉS

PARIS

CHARLES GOSSELIN, LIBRAIRE-ÉDITEUR

9, RUE SAINT-GERMAIN-DES-PRÉS

1840

DE LA

POLITIQUE EXTÉRIEURE

DE LA FRANCE

AU 29 OCTOBRE 1840.

———◦◦◦———

Dans la situation extraordinaire où est la France, et qui, au jugement de tous les hommes sérieux, est la plus grave dans laquelle elle se soit trouvée depuis 1815, il se manifeste dans quelques âmes un singulier trouble, et dans quelques esprits une étrange confusion. En l'espace, je ne dirai pas de quelques années, ni même de quelques mois, je puis dire de quelques jours, les langages les plus contraires se succèdent avec une telle rapidité, les hommes et les choses sont jugées si diversement à quelques moments d'intervalle, les opinions les plus absolues sur les sujets les plus considérables se retournent si subitement, que l'esprit le plus ferme ne sait plus sur quoi se fixer, et que les convictions les plus fortes se sentent faillir à l'instant où elles ont le plus besoin de rappeler toute leur énergie.

Il y a quelques semaines, on était unanime à proclamer que la question d'Orient était pour la France une question *essentielle*, et dont l'intérêt était si grand, qu'à aucun prix elle ne pouvait l'abandonner.

Que dit-on aujourd'hui? ou du moins que disent beaucoup de voix? C'est que l'intérêt de la France dans cette question est une pure chimère; et que si un petit nombre d'esprits rêveurs ou de têtes révolutionnaires y peuvent songer, c'est un sujet indigne de tout homme pratique et sensé.

Le mois passé chacun voyait encore dans la question d'Orient, le premier acte d'un grand drame qui commence aujourd'hui, et qui durera peut-être plus d'un siècle; dans lequel de grandes ruines qui se préparent excitent de grandes convoitises; où un immense théâtre est offert aux nations qui aspirent à s'agrandir par la conquête, ou à s'enrichir par le commerce du monde, et dans lequel il importe à toute grande nation de se produire au plus tôt, parce que les premiers rôles y seront bientôt pris. Tout le monde y voyait l'avenir, non-seulement de notre influence en Europe, mais encore de notre puissance maritime et commerciale, qui partout tombe ou décroît, mais qui ne saurait se résigner à un rôle secondaire dans la Méditerranée, dans cette mer que domine notre territoire, et qui désormais sera pour l'Europe le chemin des Indes-Orientales.

Maintenant n'entend-on pas dire de tous côtés que la question d'Orient n'est rien, sinon une querelle entre le grand seigneur et le pacha d'Égypte? Qu'il nous importe peu que Méhémet possède la Syrie avec l'Égypte, ou l'Égypte plus le pachalick d'Acre, ou l'Égypte seule, ou même qu'il soit entièrement déchu de sa puissance : qu'il est fou d'avoir pris en main une pareille querelle, dont il ne peut sortir pour nous aucun avantage et à laquelle l'honneur français n'est nullement intéressé; et que du moment où les autres puissances d'Europe promettent solennellement de ne point se partager l'empire ottoman, il n'y a pas même danger de voir troubler un instant l'équilibre européen.

Telle est donc aujourd'hui la contradiction des langages. Évidemment il est des personnes qui ont changé subitement de sentiment et de parole; car

on est divisé sur des questions que tout à l'heure
on jugeait d'une manière uniforme. Qui a changé?
Il n'est pas inutile de le rechercher et de le dire ;
cela importe surtout à ceux qui ont aujourd'hui
le sentiment qu'ils avaient hier : il est bon que les
hommes qui se disent exclusivement conservateurs se rappellent les opinions qu'ils n'ont pas
conservées, et prennent garde de qualifier d'anar-
chistes et de démagogues ceux qui ne font rien
autre chose que ce que les conservateurs même
avaient conseillé et approuvé. Il est bon aussi,
quand un danger menace le pays, de constater
quels sont ceux qui conseillent au pays de se
montrer ferme et digne, et quels sont ceux qui le
poussent à s'abandonner.

On se rappelle qu'en juillet 1839 la question
d'Orient, soulevée de nouveau par l'annonce d'un
engagement prochain entre les troupes du sultan
Mahmoud et l'armée d'Ibrahim, fut, dans la
Chambre des députés, l'occasion d'un débat solen-
nel, où un grand nombre d'orateurs exposèrent
leur opinion. Le gouvernement demandait à la
Chambre un crédit extraordinaire de dix millions,
destinés à mettre nos forces navales dans le
Levant sur un pied respectable. C'était un peu
avant la bataille de Nezib ; l'avenir de cette lutte
était alors inconnu à tous, impénétrable pour
tous : on savait qu'Ibrahim, attaqué en Syrie,

pourrait, s'il était vainqueur, franchir le Taurus et marcher sur Constantinople; on savait que l'invasion du pacha pouvait amener les Russes à Constantinople; voilà tout ce qu'on savait : le reste était obscur dans tous les esprits. Cependant il y eut alors un sentiment commun à toutes les âmes, ce fut celui du rôle qu'il convenait à la France de prendre dans cette grave conjoncture.

Qu'il me soit permis de consigner ici les propres paroles de ceux qui furent entendus dans la Chambre des députés; cette constatation a quelque importance. Il ne s'agit pas de rapporter ici leurs discours entiers, mais seulement celles de leurs paroles qui résument le mieux leur opinion. Du reste les citations qui suivent ne sont pas des analyses, mais des *extraits textuels* auxquels un seul mot n'a pas été changé.

Voici d'abord comment s'exprimait, au nom de la Chambre, le rapporteur de la commission, l'honorable M. Jouffroy :

..... Quoi qu'il arrive, et quelle que puisse être la conduite qu'inspirent au cabinet ses propres lumières, ou que lui imposeront des événements dont il est impossible, nous le reconnaissons, de calculer les exigences; il est un point, du moins, sur lequel tout le monde sera d'accord, et qui ne saurait varier : C'est qu'il faut que la France joue un rôle digne d'elle dans les affaires d'Orient. Il ne faut, *à aucun prix,* que le règlement de ces grands intérêts la fasse tomber du rang qu'elle occupe en

Europe. *Elle ne supporterait pas cette humiliation, et le contre-coup intérieur pourrait en être périlleux.*

M. LE MARÉCHAL SOULT, président du Conseil, ouvrant la séance du 1er juillet, après le rapport de M. Jouffroy, adoptait formellement l'esprit et le sens de ce rapport. — Nous devons, disait-il, être *prêts à tenir le rang qui nous appartient*, et à défendre les intérêts de la France dans toutes les éventualités que les nouvelles d'Orient peuvent faire craindre.

M. LE DUC DE VALMY : La Turquie soumise de fait au protectorat russe ; partagée de fait entre le sultan et le vice-roi : la puissance de Méhémet-Ali sortie de ce partage, abandonnée à la garantie d'un acte fragile ; la France séparée de tous parce qu'elle n'a rien fait pour personne ; l'Angleterre stipulant pour son commerce, poussant le sultan à la destruction de l'Égypte, pour s'établir sur ses ruines : voilà, Messieurs, ce qui se passe ; ce qu'il n'est pas possible de tolérer plus longtemps.....

M. DE CARNÉ : ... Quant à moi, je ne comprends pas l'Égypte sans la Syrie...

... Je dis qu'en face de l'avenir qui peut se produire, il est de l'intérêt de la France d'agir immédiatement, d'agir seule, de déclarer qu'elle protége l'Égypte ; qu'elle est là dans son rôle légitime... Je dis que déjà la force morale de l'action de la France serait immense si elle changeait seulement le titre de son agent ; si au lieu d'un agent consulaire, elle avait à Alexandrie un agent diplomatique...

... Quand je dis que la France me paraît devoir venir en aide à la nationalité égyptienne d'accord avec ses alliées, c'est bien entendu si les alliés s'y prêtent. S'il en est autrement, elle *doit agir seule...*

M. DENYS : La somme de 10 millions ayant été demandée dans l'espérance que les événements dont on paraissait menacé n'exigeraient point un développement de force extraordinaire, et n'étant point aujourd'hui suffisante pour que la France puisse prendre l'attitude et tenir le langage que je viens d'indiquer, je désirerais que la Chambre, s'associant ou non à ma pensée, voulût bien comprendre qu'elle doit modifier un projet qui n'aboutirait en réalité qu'à laisser voir de la faiblesse ou de l'impuissance, et qu'elle accordât les fonds nécessaires pour tenir sur les côtes de l'Asie-Mineure dix-huit vaisseaux de ligne au lieu de neuf qui s'y trouvent en ce moment.

M. DE LAMARTINE : Ne soyons dans la question d'Orient ni Russes ni Anglais... Le système de la France, c'est l'équilibre européen; c'est l'équilibre maintenu par l'Autriche et par elle dans l'Orient comme dans l'Occident; non pas ce chancelant et faux équilibre qui repose aujourd'hui sur cette section d'empire à Constantinople, équilibre qui n'est au fond que la domination russe en Orient sous le nom de Mahmoud, sans compensation, sans sûreté, sans avenir pour nous, mais cet équilibre fondé sur une *part égale d'influence et de territoire attribuée dès aujourd'hui en Orient* aux quatre grandes puissances qui y ont droit et intérêt, la Russie, l'Autriche, la France et l'Angleterre.

M. VILLEMAIN : Ainsi je le pense, cette prudence qui n'est pas une neutralité incertaine, indécise, ce désir de faire prévaloir dans de justes limites le maintien de ce qui peut être conservé, cette politique conforme aux vœux de la Chambre, ne dit pas aux forces de la France : « Vous agirez nécessairement et votre action « sera illimitée; » mais elle leur dit : « *Vous serez présente*, vous « agirez s'il le faut... »

Je n'hésite pas à le dire, la Chambre persistera dans la vive impression que lui a donnée le projet du gouvernement. La promptitude avec laquelle ce projet a été présenté, la netteté du langage en le présentant, l'appui que ce projet a trouvé parmi les membres éclairés de la commission, les explications fermes et simples qui ont été données par le gouvernement; tout cela, Messieurs, a paru à la Chambre un gage de la politique digne et française qui serait suivie par nous. On nous recommande d'être Français! je crois. Eh, mon Dieu! nous ne serions pas, si nous ne l'étions pas!

M. DE TOCQUEVILLE : La situation de la France, cette situation isolée au milieu d'ennemis nombreux, est critique. Mais je n'en conclus pas que la France ne doive rien faire; que la France abandonnée des autres doive s'abandonner elle-même; je dis au contraire que dans cette situation fâcheuse, la France peut et doit encore attendre de grands résultats de ses efforts.

M. PAGÈS de l'Arriége : Il faut que mon pays sache que s'il ne veut pas laisser la question d'Orient, de commerce, et de la prépondérance du monde s'accomplir sans lui et contre lui, il faut qu'il ose envisager la guerre comme une perspective possible et probable. Il ne doit pas la chercher, mais il ne doit pas la craindre. Il vaudrait mieux dès ce moment refuser les 10 millions et une apparition plus ou moins théâtrale dans la Méditerranée, que reculer avec honte dans une entreprise commencée avec pusillanimité.

M. GUIZOT : Loin de refuser ce que demande le cabinet, s'il m'était permis d'avoir une opinion, je trouverais que le cabinet ne demande pas assez... Je l'avoue, je regarde cette question et le rôle qu'il appartient à la France d'y jouer comme une bonne fortune pour nous, pour notre gouvernement. Je suis partisan déclaré, partisan persévérant de la politique de la paix; je la crois seule morale aujourd'hui, seule utile à la France, et seule conforme aux vœux réels du pays. Mais, messieurs, ne vous y trompez pas, la politique de la paix, par cela seul qu'elle est souvent oisive et froide, court le risque de passer pour pusillanime et égoïste; et il ne faut pas que la lassitude dans laquelle tout ce qui s'est passé nous a momentanément plongés, il ne faut pas que cette lassitude nous fasse illusion. Ce qu'il y a de nouveau et d'indestructible dans le monde politique, la grande révolution qui s'est accomplie depuis le dernier siècle, la voici, messieurs. C'est que les intérêts publics, les intérêts généraux, nationaux, et les sentiments élevés, généreux, sympathiques, jouent un grand rôle dans la politique; ce ne sont plus des forces idéales, non plus des rêves de philosophe. Ce sont des forces réelles, actives, présentes tous les jours et tout le jour sur la scène politique. A Dieu ne plaise que jamais nous mettions ces nobles forces contre nous! A Dieu ne plaise que jamais les intérêts généraux, les grands intérêts moraux, et les sentiments qui y sont inhérents, se regardent comme subordonnés, comme sacrifiés à une politique *pusillanime* et *égoïste*, soit au dedans, soit au dehors; ce serait un affaiblissement matériel et un décri moral, dont il serait difficile de mesurer la portée.

S'il arrivait je ne sais quel jour, je ne sais comment, mais enfin s'il arrivait que l'empire ottoman chancelât tout à fait, cette politique nous laisserait parfaitement libres, libres de chercher ailleurs, partout *où vous les trouveriez*, ces moyens d'équilibre européen qui sont toujours pour nous le plus grand problème à résoudre.

M. BERRYER : Quand on défend les grands intérêts d'une nation, en présence de nations rivales, il ne faut pas croire être injuste en défendant, contre qui que ce soit, les intérêts de la France. Epousez la querelle du sultan ou celle du pacha; allez à Constantinople pour y disputer à la Russie la protection de la Turquie, où à Alexandrie pour protéger le pacha et assurer son indépendance; prévenez ainsi les conséquences de la révolution de l'Orient. Mais ne vous dissimulez pas que vous n'aurez pas de complices dans cette politique, car vous y rencontrerez deux intérêts contraires, l'intérêt russe et l'intérêt anglais, que vous ne pouvez servir qu'en étant dupe; et c'est là une condition à laquelle la France ne peut se résigner. Il *faut une action* dans l'intérêt de la France : vous seuls pouvez en avoir le choix.

M. DUPIN... Le jour où ce que l'on redoute éclatera, où il y aura une agression déclarée sur la Méditerranée; où ce ne serait pas seulement le sultan qui se battrait avec un de ses pachas, mais où une des puissances européennes voudrait s'attribuer un avantage exclusif au détriment des autres, non-seulement la France aura le droit de s'opposer à cette tentative; mais elle devra intervenir; elle devra le faire avec énergie, avec toute la force d'une résolution qui appartient à une grande nation qui sait vouloir.

M. ODILON BARROT : .... La mission est grande, elle est belle, elle est noble. La récompense, je ne dirai pas territoriale, mais la récompense en influence en Europe, elle vous est assurée. Vous faites passer le rôle de conservation européenne de la Russie dans vos mains; vous le faites passer entre vos mains, non

comme il était dans les mains de la Russie, avec des moyens
d'oppression et de despotisme, mais avec la puissance de votre
principe, avec la liberté et la civilisation de l'Europe. C'est là le
rôle qui vous appartient, mais pour cela il faut de grandes réso-
lutions; mais pour cela il faut s'élever à la hauteur de votre mission. Si vous l'entrepreniez sans être résolus à poursuivre toutes
les conséquences qu'elle vous impose, sans être bien résolus à ap-
pliquer toutes les ressources de votre pays à l'accomplissement de
cette grande œuvre, elle vous écraserait; il vaudrait mieux encore ne pas l'entreprendre; il vaudrait mieux se renfermer dans
un système d'égoïsme, de neutralité, et attendre les événements...

M. Jouffroy, résumant la discussion : ... Presque tous les
orateurs qui ont été entendus n'ont fait que développer avec ta-
lent ou que défendre avec éloquence la politique que nous avions
indiquée.

Ce résultat, messieurs, ne nous a ni étonnés ni enorgueillis. Il
y a rarement deux conduites raisonnables en politique, et quand
les éléments d'une question sont donnés, la bonne, la vraie, se
révèle à tout esprit droit.

Ainsi et en résumé, au mois de juillet 1839, la
Chambre des députés déclare par l'organe de
M. Jouffroy, son rapporteur, que, dans la grande
affaire qui s'annonce, la France *doit jouer un rôle
digne d'elle ; qu'à aucun prix le règlement de
cette grande affaire ne doit faire déchoir la
France du rang qu'elle occupe en Europe; que la
France ne supporterait pas cette humiliation, et
que le contrecoup intérieur pourrait en être pé-*

rilleux. Quand cette voix parle au nom de la Chambre, nulle autre voix ne s'élève pour la contredire; toutes les opinions se concilient; tous les partis s'effacent dans ce débat, où chacun ne voit plus que l'intérêt de la France. M. Guizot, M. Berryer, M. Odilon Barrot, parlent le même langage, et chacun proclame hautement ce grand intérêt de la France dans la question orientale : intérêt de commerce, selon les uns; d'influence politique, selon les autres; intérêt d'*honneur* aux yeux de tous. M. Guizot voit dans cette question une bonne fortune pour la France, qui enfin va avoir une grande entreprise à conduire; et M. Odilon Barrot se félicite de ce que le protectorat de l'Orient passera des mains de la Russie dans celles de la France. Dans le partage qu'il fait de l'Orient entre les grandes puissances, M. de Lamartine n'oublie certes pas son pays; et tous ceux qui réclament le maintien du *statu quo* ne le comprennent qu'à la condition qu'il soit *général*, et que si une seule puissance accroît son influence en Orient, la France doit y voir aussi s'augmenter la sienne. Dans ce sens, tous les regards se portent sur l'Égypte et sur Méhémet, qui attire toutes les sympathies de la France; et M. de Carné ne veut pas seulement que la France couvre l'Égypte : il déclare que dans son opinion il ne comprend pas l'Égypte sans la Syrie. Enfin le rapporteur de la commission, quand

il résume la discussion, constate cette remarquable
unanimité, dont il se plaît à indiquer la cause
philosophique : « Il y a, dit-il, rarement deux
conduites raisonnables en politique, et quand les
éléments d'une question sont donnés, la bonne et
la vraie se révèle à tout esprit droit. » Et, sur 313
votants, la loi est adoptée par 287; 26 seulement
votent contre.

Ainsi, après avoir délibéré sur cette grande affaire, la chambre traçait clairement la ligne de
conduite que devait y tenir le gouvernement français.

La chambre avait-elle tort ou raison de voir
dans la question d'Orient un intérêt aussi vital
pour la France? Je pourrais me dispenser d'examiner cette question, et me borner à constater, ainsi
que je l'ai fait, l'impression de la chambre; cependant, je n'hésite pas à le dire, dans ma pensée la
chambre ne s'exagérait point l'intérêt du pays dans
cette affaire. Je n'étais pas alors député; mais, si je
l'eusse été, je me serais associé à tous les sentiments de la majorité.

Le grand intérêt de la France dans la question
orientale ne saurait être méconnu que par ceux
qui ne veulent ou ceux qui ne peuvent pas voir.
Cet intérêt existera aussi longtemps que la Russie
sera une grande nation envahissante, aussi longtemps que l'Angleterre poursuivra l'établissement

de son monopole maritime et commercial, aussi longtemps que la France n'aura pas pris son parti de n'être qu'une puissance de second ordre.

L'intérêt de la France dans la question d'Orient n'est pas d'envahir l'Égypte ou la Turquie, ou quelque partie de ces contrées : c'est d'empêcher que la Turquie ne devienne russe et l'Égypte anglaise, c'est d'empêcher que les Russes ne dominent à Constantinople et les Anglais à Alexandrie.

Ceux qui connaissent les vues secrètes de la Russie, ou croient les connaître, pensent bien que celle-ci n'est pas pressée d'occuper matériellement Constantinople : elle a sa proie assurée ; elle est, selon l'expression heureuse de M. de Lamartine, patiente comme une certitude. Mais, s'il est vrai que la Russie ne veuille pas s'établir dès aujourd'hui sur les rives du Bosphore, nul du moins ne conteste qu'elle n'a pas de pensée plus constante que de s'en préparer le chemin. C'est son idée fixe, et, si elle consent à ne pas entrer immédiatement dans Constantinople, elle veut du moins y poser dès à présent son influence exclusive. Elle voudrait *protéger* seule l'empire ottoman. C'est uniquement pour remplir cet office bienveillant qu'elle entretient à grands frais une flotte et une armée, oisives dans le port de Sébastopol, et qui n'ont d'autre destination dans ce monde que d'attendre un an, deux ans, dix ans s'il le faut, le moment où arrivera ce cas de *protection* de l'empire ottoman, pour lequel seul elles existent.

Il faut méconnaître le plus grand phénomène du siècle pour ne pas voir que l'invasion russe menace l'Occident; que cette invasion marquée au sceau d'une espèce de fatalité est constante et progressive; que la Russie est, en Europe, le seul empire qui depuis cent cinquante ans grandit toujours et ne décline jamais; que ce progrès continu se poursuit avec une rapidité singulière; que s'il n'est donné à aucune puissance humaine d'empêcher le fait de s'accomplir, il faut du moins travailler à le retarder le plus possible; et que la plus grande force du courant russe tendant vers Constantinople, c'est là naturellement que doivent se porter les résistances.

Ceux qui connaissent les desseins de l'Angleterre, ou croient les avoir pénétrés, pensent bien que cette nation n'a point arrêté le plan de s'emparer actuellement de l'Égypte ou de la Syrie. Mais quelle que soit sur ce point la modération de ses vues, nul n'ignore qu'au milieu de ses vastes projets, l'Angleterre n'a pas de pensée plus constante et plus favorite que de se créer à travers l'Égypte ou la Syrie un passage vers ses immenses possessions de l'Inde; on sait qu'elle travaille à se frayer cette voie, soit par l'Isthme de Suez et la Mer Rouge; et déjà elle occupe sur cette ligne des stations toutes prêtes, telle qu'Aden, etc....., soit par l'Euphrate et le Golfe Persique ; et déjà sur cette autre ligne, elle est maîtresse de l'Ile de Carrack ; on sait qu'à ses yeux ce passage par Suez ou par l'Euphrate est une artère vitale qui manque à son grand corps. On sait enfin que partout où l'Angleterre s'établit, c'est pour y dominer exclusivement, et il est permis de craindre que maîtresse de cette route tant désirée par elle, elle n'en laisse pas à tous la libre pratique. Cependant on sait aussi, et nul ne peut plus ignorer, que ce même passage, qui est la route de l'Angleterre vers ses états, est aussi désormais le chemin de l'Europe en Asie, le chemin de toutes les nations commerçantes de l'Occident vers les peuples de l'Inde. A aucun prix sans doute l'Angleterre ne renoncera à se créer cette communication, qui est pour elle une condition de vie ; mais à aucun prix aussi les autres peuples qui n'ont pas abdiqué toute existence dans le monde ne pourront consentir à ce que ce chemin de l'Europe vers l'Inde soit la propriété ou subisse l'influence exclusive d'une seule puissance : et la France placée comme elle l'est par la nature, la France qui a Toulon, Marseille, Alger ; la France qui est si admirablement située sur cette nouvelle route de l'Inde, est intéressée plus qu'aucune autre à la maintenir entièrement libre, ouverte à tous, égale pour tous.

2

Si la France a un intérêt certain à combattre les desseins de la Russie, elle en a un bien plus grand encore à s'opposer de toute sa puissance aux projets de l'Angleterre; quant à présent l'ambition russe convoite seulement des territoires dont nous ne voulons point; l'ambition anglaise vise à un monopole de richesses et d'influences dont la France doit avoir sa part. Dans l'avenir la Russie menace la France comme tous les empires de l'Occident; l'Angleterre, qui ne reconnaît pas à un peuple le droit d'exploiter ses mines de soufre comme il l'entend, et qui vous fait la guerre, si, quand elle veut vous vendre de l'opium ou tout autre poison, vous refusez de l'acheter; l'Angleterre est présentement l'adversaire naturelle de tous les peuples qui n'acceptent pas son despotisme universel.

Voilà des faits certains, incontestables; et c'en est assez sans doute pour prouver que la Chambre a eu raison de proclamer le grand intérêt de la France dans la question d'Orient.

Maintenant quel était le moyen à prendre pour protéger cet intérêt, pour combattre les périls reconnus, pour assurer le succès des bonnes chances?

Sur ce point les dissidences d'ailleurs si naturelles, n'éclatèrent point dans le corps-législatif, qui devait se borner à poser les principes, et laisser l'exécution au gouvernement. Le ministère avait

seul, et seul pouvait avoir le choix des moyens d'action; mais du moins la règle de conduite était clairement posée; et quels que fussent les procédés em-
ployés, il ne pouvait oublier que le but nécessaire
à atteindre était l'établissement à tout prix de
l'influence française dans le règlement des affaires
d'Orient.

Le but étant nettement indiqué, le gouvernement l'a-t-il habilement poursuivi? A-t-il employé
pour l'atteindre les meilleurs moyens dont il pût
faire usage? Pouvait-on agir autrement et mieux?
Ce sont des questions que je me sens, je l'avoue,
peu enclin à discuter, parce qu'en supposant que
leur examen fît naître des regrets, il ne saurait of-
frir le remède de la situation.

Il pourra être utile un jour de rechercher ce
que l'on aurait pu faire; ce qui importe en ce
moment, c'est de voir ce que l'on a fait. Je n'examine donc pas dans quelle position nous pour-
rions être; je considère l'état dans lequel nous
sommes.

Beaucoup semblent ne voir dans les embarras
où se trouve la France qu'une occasion d'accuser
leurs adversaires politiques; et un débat où l'intérêt
national est engagé devient un texte de récrimina-
tions mutuelles, aussi violentes que stériles. Celui-
ci s'attache à démontrer que de grandes difficul-
tés avaient été léguées au ministère du 12 mai par

le ministère du 15 avril ; et pourvu qu'il justifie cette proposition il est satisfait ; cet autre sera content s'il parvient à prouver ou que le 12 mai a mal engagé la question d'Orient, ou que cette question bien posée par ce ministère a été compromise par les fautes du 1er mars. — Pour moi, je l'avoue sincèrement, quand toutes ces fautes du 15 avril, du 12 mai, du 1er mars, auraient été commises, je ne verrais point là matière à me réjouir, et ces démonstrations qui me prouvent qu'on a mal fait, sans me révéler le moyen de guérir le mal présent dont je souffre, n'ont rien qui me satisfasse. Elles intéressent sans doute particulièrement chacun des hommes auxquels des fautes sont imputées, et qui se renvoient l'un à l'autre la responsabilité du danger public ; mais qu'il soit l'œuvre de celui-ci ou de celui-là, le danger n'est pas moins certain ; lui seul me touche en ce moment et c'est à lui seul que je m'attache. Toutes les critiques des divers ministères, tous les retours vers le passé n'empêcheraient pas que ce qui a été fait ne soit fait, et c'est surtout en cette matière que l'on ne saurait nier la puissance des faits accomplis.

La note du 27 juillet 1839, qui a déclaré l'accord des puissances, avant que les puissances se fussent entendues sur rien, a été, dit-on, une grande faute. Comment se croire d'accord, parce

que tous veulent *l'intégrité de l'empire ottoman*,
lorsque nul n'a dit un mot pour expliquer ce qu'il
entend par l'intégrité de cet empire? lorsqu'on n'a
pas prononcé le nom du pacha d'Égypte qui était
toute la question? — Voilà, dit-on, la source de
tout le mal. Je l'admets si l'on veut. Je l'admets,
quoique l'état de choses créé par cette note pût
très-raisonnablement être considéré comme un progrès sur le traité d'Unkiar-Skelessi; et qu'il ne soit
point équitable de juger par l'événement une tentative dont l'issue pouvait être meilleure; mais
enfin je consens à regarder cette note comme une
faute; que conclure de là? Qu'à mes yeux M. le
maréchal Soult et M. Villemain se seraient trom-
pés; mais l'acte dont il s'agit n'aurait pas moins
existé; il n'aurait pas moins été l'œuvre d'un ministère constitutionnel; il n'aurait pas moins été
fait en vue même du principe de conduite posé
par la Chambre, et dont il était l'exécution presque littérale. Le but principalement recommandé
par la Chambre avait été d'arriver par un concert
de toutes les puissances d'Europe à soustraire la
Turquie au protectorat exclusif de la Russie: or
comment arriver à cette action commune que les
circonstances rendaient urgente, si tout d'abord
on n'adoptait pas une règle générale de conduite,
se réservant de discuter plus tard les détails d'exécution? On pouvait craindre il est vrai de ne pas

s'entendre sur ces détails; mais c'était une crainte pour l'avenir ; présentement on craignait l'arrivée des Russes à Constantinople. Quoi qu'il en soit, admît-on cent fois que le gouvernement français a eu tort de signer la note du 27 juillet, il faut bien reconnaître qu'on ne peut pas faire aujourd'hui qu'il ne l'ait pas signée, et qu'il n'ait agi en cela sous l'influence même du parlement dont il venait d'entendre le langage?

On ne saurait non plus empêcher qu'une fois entré dans la conférence, il n'y ait posé la question d'une certaine manière. A-t-il bien ou mal fait d'épouser aussi chaudement la querelle de Méhémet-Ali, et de demander pour lui l'hérédité de la Syrie comme de l'Egypte (1)? Si nous étions en 1839, à l'époque où dans la conférence il s'est agi pour le cabinet français de prendre un parti, je verrais là, je l'avoue, matière à longue discussion ; car je crois qu'on s'exagérait alors l'importance de Méhémet, comme on s'exagère aujourd'hui sa faiblesse; mais cette sympathie qui a porté le ministre du 12 mai vers Méhémet n'était-elle pas alors le sentiment universel? l'Egypte n'était-elle pas alors pour la France comme une fille adoptive, née au beau temps de notre gloire, grandie loin de nous, par nos soins, avec l'aide de nos soldats, de nos

(1) 27 septembre 1839. *Mémorandum* de lord Palmerston du 31 août 1840.

ingénieurs, de nos artistes? ne considérait-on pas, d'ailleurs, ce sentiment comme fondé sur un intérêt rigoureux? la puissance égyptienne ne nous paraissait-elle pas un double boulevard contre la Russie et contre l'Angleterre? Contre la Russie, par l'organisation d'un second empire musulman, fondé dans des provinces échappées au joug de la Porte; contre l'Angleterre, par l'affermissement de cet empire dans des contrées où l'Angleterre est intéressée à l'affaiblir? Est-ce que toutes les voix ne s'accordaient pas alors pour appeler sur l'Égypte et sur la Syrie toute la protection du gouvernement français? Faut-il rappeler ici tout ce qu'on disait alors de Méhémet; le voile indulgent dont on couvrait son despotisme, les hommages qu'on adressait à sa sagesse, à son génie, à sa fortune, et tous ces éloges qui se résumaient par ces mots : Méhémet est un grand homme, et son fils Ibrahim est un héros! Si aujourd'hui, quand Méhémet se débat sous l'Europe entière liguée contre lui, des voix peu généreuses lui jettent le mépris et l'injure, n'était-on pas unanime à l'exalter et à le seconder au temps de sa force et de sa prospérité? Je veux bien admettre qu'on se trompait alors; mais, en supposant cette erreur, il en est résulté un fait qu'on ne saurait empêcher d'avoir existé : c'est que, dans la conférence, le ministère du 12 mai a demandé pour Méhémet-Ali de plus

grands avantages que les autres puissances ne vou-
laient en accorder; il a posé ainsi la question; et
en cela il a fait, peut-être, ce qu'eût fait tout autre
ministère désireux d'imprimer à sa politique dans
cette question un cachet français.

Maintenant faut-il rechercher si ce même ministère du 12 mai a reçu, oui ou non, de l'Angleterre la proposition de réunir nos flottes dans la
Méditerranée pour forcer ensemble les Darda-
nelles? Le fait de la proposition étant constant,
faudrait-il discuter le point de savoir si on a eu
tort ou raison de ne pas l'accepter?

Arrivant au ministère du 1er mars, aurons-nous
à rechercher s'il a commis une faute ou agi sage-
ment en laissant la question d'Orient sur le terrain où il la trouvait? s'il a été habile ou non dans
ses négociations? s'il a été bien ou mal secondé par
son agent diplomatique à Londres? si cet agent a
défendu avec zèle auprès de l'étranger une politique qu'il croyait mauvaise, et s'il a travaillé sincèrement au succès d'un ministère sur les ruines
duquel il s'est élevé? Faut-il discuter ici les causes
qui ont amené le traité du 15 juillet dernier? Le
ministère du 1er mars aurait-il dû accepter pour
Méhémet le pachalick d'Acre héréditaire sans la
citadelle, ou la citadelle sans l'hérédité? était-il
fondé à penser que sur son refus l'Angleterre et les
autres puissances traiteraient sans la France? pou-

vait-il craindre sérieusement que, sans lui donner au moins un avertissement formel et *sans mettre la France en demeure*, l'Angleterre laisserait dans l'isolement sa plus intime alliée, briserait ainsi brutalement une union sur laquelle reposait la paix du monde, pour se jeter dans quelle alliance nouvelle? dans celle de la Russie, l'ennemie naturelle de l'Angleterre en Orient. Faut-il expliquer cet acte inoui de l'Angleterre par un accès de mauvaise humeur de son ministre, ou par les calculs d'une politique dont on ne saura que plus tard le secret?

Faudra-t-il examiner ensuite, si le traité étant fait, on a eu tort ou raison de se dire outragé; si ce traité constitue simplement un mauvais procédé, ou un manque d'égard, ou une insulte envers la France; si en supposant qu'il y ait eu injure, il a été sage de parler tant, et d'agir si peu; si à la première nouvelle de l'exécution violente du traité, le ministère ne devait pas envoyer notre flotte sur les côtes de Syrie, au lieu de la laisser oisive et cachée dans les eaux de Salamine; si enfin quand le canon de Beyrouth a retenti, et lorsque la déchéance de Méhémet a été prononcée, il ne fallait pas, au lieu d'un *Memorandum*, couvrir l'Égypte avec nos vaisseaux, en les envoyant s'embosser devant Alexandrie? Je n'examine aucune de ces questions. Je me borne à dire que ce traité du 15 juillet a été fait; que fût-il possible ou non de l'empêcher de naître, il existe; que cet acte qui isole la France, et la rend étrangère aux grandes solutions de la question d'Orient, la place dès à présent dans la situation la plus grave, et lui permet de tout craindre de l'Angleterre et des nouveaux alliés que celle - ci s'est attachés en la délaissant; que cet acte auquel on peut supposer des articles secrets, ne contînt-il rien que ce qu'il montre, n'en serait pas moins funeste à la France.

Cet acte éloigne la France d'une grande affaire, à laquelle elle voulait prendre part, et dont elle avait déclaré qu'à aucun prix elle ne se laisserait écarter. En vertu de cet acte une question considérable, au règlement de laquelle elle devait contribuer, sera réglée sans elle. En vertu de cet acte, la Russie, il est vrai, ne protégera plus seule l'Orient; mais ce protectorat appartiendra désormais à deux puissances au lieu d'une. L'Angleterre devient arbitre en Orient comme la Russie; désormais l'Angleterre protégera l'Égypte et la Syrie, comme la Russie protége Constantinople. En vertu de cet acte les puissances alliées ne se partagent pas, il est vrai, les territoires en litige, et ne stipulent aucune influence exclusive sur les contrées dont elles vont fixer le sort; mais en vertu de cet acte et de son exécution l'influence appartient nécessairement aux puissances qui seules prennent en main la question, et seules la résolvent. La question est bien moins de savoir comment l'affaire est réglée, que par *qui* elle est réglée; il importe sans doute que Méhémet ait une partie plus ou moins grande de la Syrie; mais ce qui importe plus encore, c'est de savoir qui déterminera la part telle quelle qui lui sera faite. Le grand intérêt de la France dans cette affaire, c'était d'intervenir, c'était d'être partie au débat; si des armées étaient nécessaires, d'y déployer son glorieux drapeau; si on appelait des flottes, d'y montrer son pavillon : à ce prix était l'influence de la France dans la question d'Orient. En vertu du traité du 15 juillet, la France perd cette influence, qu'à tout prix elle voulait exercer, et cette influence les autres puissances la prennent toute entière; elles la prennent au préjudice d'un état accoutumé à compter dans les arrangements de l'Europe; cette influence perdue pour la France, c'est toute l'affaire d'Orient. Voilà comment la question ne saurait être réglée sans nous, sans l'être contre nous. Voilà comment les puissances renversent l'équilibre des grandes puissances d'Europe, sous prétexte de rétablir l'équilibre des pouvoirs entre le sultan et le pacha.

Je dis qu'en apprenant ce traité, dont les effets certains ne sont pas moins funestes à la France que ses conséquences possibles, la France s'est sentie atteinte, sinon insultée, et qu'elle n'a pas retenu l'expression de ce sentiment si légitime; elle l'a déclaré, et son gouvernement a témoigné qu'il ressentait vivement cette blessure faite à la France; il a déclaré qu'il maintiendrait la France au rang dont on voulait la faire décheoir; il a déclaré que si les puissances persistaient à refuser à la France sa légitime part d'influence, la France se la ferait elle-même, dût-elle recourir aux moyens les plus extrêmes; il a annoncé de grands armements; cette annonce qui présageait de grandes dépenses, a pourtant été accueillie par le pays avec enthousiasme; il a annoncé les fortifications de Paris, et cette mesure, la plus hardie, la plus inconstitutionnelle si l'urgence ne la commandait pas, a été acceptée comme un fait simple et naturel, comme partie d'un ensemble d'actes destinés à placer la France dans une attitude ferme et digne vis à vis de l'étranger !

Ces faits sont certains, le sentiment avec lequel on les a jugés a été unanime; il y a eu un moment, il faut bien le reconnaître, où tout le monde a pensé de même. Il y a eu un moment, où le même langage était dans toutes les bouches; la presse n'avait alors qu'une voix (1), alors point de distinction entre le parti de la paix, et le parti de la

(1) Voici ce que disait lui-même, le 30 juillet dernier, un journal qui,

guerre, entre le parti des conservateurs, et celui des révolutionnaires; tout le monde était alors conservateur de l'honneur français, tous les hommes sages désiraient ardemment la paix : car qui peut sans frémir envisager les horreurs de la guerre? Mais tous sentaient qu'il n'y avait de possible et de désirable pour la France qu'une paix honorable, et jugée telle par le pays; ils pensaient aussi que si quelque chose pouvait réveiller et réhabiliter en France les mauvaises passions révolutionnaires qu'on ne saurait trop craindre et trop haïr, ce serait une politique extérieure qui laissât en souffrance la dignité du pays! des dissidences aujourd'hui s'élèvent; mais je dis qu'à un certain moment il n'y en avait pas, et on voit par ce qui précède quels sont ceux qui ont été mobiles ou constants dans leur opinion.

par son importance politique et littéraire, par l'habileté continue de sa rédaction, et par son caractère *conservateur*, exerce en France et en Europe une très grande influence : « La France ne peut pas reculer. Elle ne le peut pas, parce que ce serait se laisser mettre *au rang des puissances de second ordre*. Ce mot dit tout. Oui, si la France demeurait spectatrice impassible de l'exécution d'un traité qui, sous prétexte de conserver l'empire ottoman, entraîne fatalement la dissolution de cet empire et son partage; si elle pouvait souffrir qu'on la mît hors de la question d'Orient, au lieu de cinq grandes puissances, il n'y en aurait plus que quatre en Europe. La France ne cherche pas la guerre, mais elle l'acceptera si terrible qu'elle puisse être, avec toutes ses conséquences, plutôt que de se laisser rayer du nombre des puissances avec lesquelles on compte. »   (*Journal des Débats* du 30 juillet 1840.)

Ainsi sans discuter les faits que je viens de rappeler, je les constate; je les constate sans autre examen, parce que ces faits constituent non-seulement la politique du gouvernement dans cette immense affaire, mais encore la politique du pays, parce qu'à côté des actes émanés de deux ministères, je vois les principes posés par le parlement, et le sentiment national, continu, non équivoque dans son expression, provoquant ou sanctionnant la marche qu'a suivie le pouvoir exécutif. Je constate ces faits et les accepte, parce qu'ils dominent, quoi qu'on fasse, la situation où nous sommes; je les adopte en tous cas, parce que je ne puis pas faire qu'ils ne soient pas.

J'entends bien dire que ce qu'un ministère a fait, un autre ministère peut le défaire sans peine. Cet argument ne me suffit point; je le crois dangereux, surtout dans la question où se trouve engagée la politique étrangère d'un pays. S'il est impossible de concevoir une bonne politique sans l'harmonie dans les vues et sans la suite dans les actes, cela est vrai surtout de la politique extérieure. La facilité de changer de conduite, en pareil cas, m'a toujours paru un des périls, bien plus qu'un des avantages des pays libres, où les agents du pouvoir se succèdent sans cesse. Fermement convaincu qu'il n'y a de bonheur et de repos possible pour mon pays, qu'avec notre gouvernement

constitutionnel, attaché profondément aux principes des gouvernements libres, sans lesquels il n'y
a point de vie publique pour les citoyens, j'entends
avec chagrin reprocher à leur instabilité de rendre
impossible toute consistance dans les desseins et
toute unité d'action. Ici donc, au lieu de chercher
des arguments pour incriminer le passé, j'incline
naturellement à trouver bons tous les actes con-
sommés; j'oublie les personnes et les partis, pour
ne voir que les faits et les actes dont se compose
la situation où nous sommes.

Il y avait sans doute dans cette grande affaire
plus d'une route à suivre pour atteindre au but
vers lequel on devait tendre. Celle qu'on a suivie
était-elle la meilleure ? Je ne sais : mais je suis porté
à trouver bonne celle qu'on a adoptée, par cette
seule raison qu'on l'a choisie. Je crois que dans
quelque voie qu'on fût entré, on y aurait trouvé
de grands embarras; je crois qu'un moyen moins
bon mais suivi avec persévérance, vaut mieux que
deux moyens meilleurs, mais pris et laissés tour à
tour. C'est en ce sens que l'on peut dire que surtout pour les questions extérieures, les actes des
gouvernements engagent les peuples.

Rien n'est plus délicat et plus dangereux, quand
une question a été *posée* et soutenue longtemps
d'une certaine manière, que d'en changer subitement les termes. Toute grande affaire est suscep-

tible d'être prise par des côtés différents. Dans un débat où plusieurs grandes puissances sont intéressées, il appartient à chacune de fixer le point où elle juge que se trouve l'intérêt qu'elle défend, et auquel elle tient le plus; il peut arriver qu'elle considère comme supérieur l'intérêt qui n'est que secondaire; les autres peuvent commettre la même erreur; mais enfin, au milieu du choc des intérêts, des passions, des préjugés, des erreurs même, *les questions* finissent par se *poser*, et quand les questions sont posées, chacun met nécessairement toute sa force et tout son honneur à défendre le point dans lequel il s'est retranché. Pour nous, dans l'affaire d'Orient, la question s'est posée sur le maintien de la puissance égyptienne. Elle aurait pu se poser autrement, si on se fût entendu avec l'Angleterre; c'est sans doute sur un terrain russe que la France aurait eu à lutter; mais précisément parce qu'il n'y a pas eu d'accord entre nous et l'Angleterre, l'accord s'est fait entre celle-ci et la Russie; et la question s'est posée pour la France sur un terrain anglais. C'est donc sur la puissance de Méhémet que se sont concentrées principalement nos délibérations parlementaires, les efforts de notre diplomatie, l'intérêt national; la question est là, elle ne saurait être transportée ailleurs.

Une grande nation qui, dans une aussi grande question, a pris un certain rôle, ne saurait l'abandonner tout à coup, et se déplacer subitement. Il naît pour elle, de la situation qu'elle a prise et dans laquelle elle s'est tenue longtemps, des liens qu'elle ne saurait briser. La France, il est vrai, n'a point de liens à rompre avec les autres puissances ; car ce lien, ce sont elles-mêmes qui l'ont rompu ; mais n'avons-nous pas ailleurs quelques obligations qui nous gênent? ne sommes-nous pas engagés, au moins moralement, envers Méhémet-Ali ? S'il est vrai qu'à Nezib elle ait retenu son bras victorieux, n'était-ce pas à la condition, au moins moralement sous-entendue, de le soutenir plus tard dans ses revers? et si dans ces derniers temps le gouvernement français s'est efforcé, par l'influence de ses agens consulaires, de modérer l'ardeur d'Ibrahim, s'il a, en quelque sorte, enchaîné dans le port d'Alexandrie la flotte de Méhémet, impatiente de se mesurer avec la flotte anglaise, s'il a, par ses conseils, par cette espèce de patronage, paralysé le premier élan du pacha, n'a-t-il pas fait naître dans l'âme de celui-ci l'espoir légitime d'une assistance réelle et efficace? Suffira-t-il maintenant pour nous acquitter envers Méhémet, de proclamer qu'il est un tyran indigne de notre sympathie? Pense-t-on que ce manque de foi envers les faibles soit propre à nous élever dans l'esprit des forts? La France a perdu l'amitié de l'Espagne qu'elle a mal secourue ;

de la Suisse qu'elle a humiliée durement, de la Belgique qu'elle a laissé morceler. Il ne manque plus à la France que la haine du pacha d'Égypte. Et en supposant que nous ne devions rien à Méhémet, en supposant que deux ou trois *memorandum* et quelques frais de courriers nous aient acquittés envers lui ; sommes-nous quittes envers nous-mêmes ? Ne sommes-nous pas engagés envers nous et envers le le pays ? ne nous devons-nous pas à nous-mêmes de rester fidèles à notre honneur, à notre foi, à notre langage, à ce que nous avons proclamé, l'intérêt et la dignité de la France ?... accepterons-nous, pour pouvoir nous manquer à nous-mêmes, les sophismes de l'étranger, et les conseils d'une fausse prudence ?

Non, on ne change pas arbitrairement et impunément toute une situation politique ; cette situation constitue, quoi qu'on fasse, la politique du pays.

Que se passe-t-il donc cependant ? quelle mission vient remplir le ministère du 29 octobre, si ce n'est celle de briser violemment la situation qui vient d'être décrite ? A le juger par son langage et par ses actes, ce ministère ne vient-il pas pour faire *à tout prix* une paix que la France ne voulait qu'honorable ? ne vient-il pas pour tout abandonner, tout céder dans la question d'Orient, et mettre la France, sur ce point, à la merci des étrangers? ses discours aussi bien que son silence autorisent toutes ces suppositions. Je ne sais s'il rencontrera des obstacles dans l'accomplissement de sa triste mission; je ne sais si l'impulsion funeste dont il est le moteur peut être combattue; mais, quoi qu'il arrive, j'éprouve le besoin de dire que ce n'est point ainsi que je comprenais la politique de la France.

La France pouvait dans son isolement se montrer encore digne et puissante. Il ne s'agissait pour elle ni de menacer l'Europe, ni de s'incliner devant ses ennemis; elle pouvait être fière sans être humble; et si, dans cette attitude, elle avait défendu son bon droit; si, sans jactance et sans discours de propagande, elle avait déclaré à l'Europe qu'*à aucun prix* elle ne consentirait à perdre dans la plus grande question de ce siècle sa légitime part d'influence; si, pour fortifier l'expression calme de son sentiment, elle eût préparé des armements considérables, sa voix aurait eu de grandes chances d'être écoutée. Il aurait fallu sans doute, pour tenir efficacement ce langage, le tenir sérieusement; il aurait fallu que nul ne pût y voir une vaine fanfaronnade, et qu'il fût manifeste à tous les yeux que la France désirait sincèrement la paix, mais qu'elle ne craignait pas la guerre.

La France aurait ainsi montré aux grandes puissances de l'Europe que, tout en souhaitant ardemment d'éviter une collision dangereuse pour tous et pour elle-même, elle était cependant résolue, si on la poussait à bout, à tout risquer pour se faire rendre justice, c'est-à-dire pour maintenir en Europe le rang qui lui appartient.

Un pareil langage et une pareille attitude, ce mélange réel de modération et de fermeté, cette expression sincère d'une résolution calme, mais irrévocable, auraient été propres à faire naître dans l'esprit des autres peuples de salutaires impressions. La justice et le bon droit, surtout quand ils s'appuient sur une force respectable, comptent toujours dans les délibérations des cabinets, et ceux même de nos adversaires qui, dans la prévision d'une lutte, auraient regardé comme certaine la défaite de la France, eussent encore hésité à engager cette lutte avec un peuple qui ne s'agite point sans remuer le monde, et qui est terrible encore dans ses revers. Il y avait donc pour la France, ainsi posée, de grandes chances de paix, et d'une paix qui, ainsi obtenue, ne pouvait être qu'honorable.

Ainsi résolue, la question d'Orient ne pouvait être qu'honorable pour la France, et elle ne saurait être honorable autrement, quelle que soit d'ailleurs la solution matérielle. Si l'on en croit le ministère du 29 octobre, une attitude humble vis-à-vis des puissances européennes serait le meilleur moyen d'obtenir en faveur de Méhémet des conditions avantageuses. Mais qu'on y prenne bien garde : ce qui importe pour la France, ce n'est pas tant le résultat que l'attitude prise avant l'événement. On devrait être content si, demandant pour Méhémet la plus faible concession on l'obtenait. Mais si l'on n'exige rien, Méhémet fût-il traité de même ou mieux, l'honneur de la France ne serait point satisfait. Il ne s'agit pas de savoir ce qui sera fait, mais ce que nous demanderons que l'on fasse. Si vous ne précisez point ce que vous voulez, si vous n'avez pas d'*ultimatum*, rien, quoi qu'on fasse, ne pourra être fait pour vous. Le pacha pourrait être content sans que la France le fût. La France recevrait la moindre concession. L'aumône la plus généreuse ne lui conviendrait pas. Sans doute on ne pouvait poser un *ultimatum* sans faire naître une chance de guerre. Car si en dépit de son droit, et de sa modération à le soutenir, la France n'obtenait rien des autres puissances, elle devrait appuyer son droit sur la force ; mais alors le monde entier aurait su que la France prenait les armes pour la plus sainte de toutes les causes : pour sa dignité nationale et pour son droit. Et ce sentiment général aurait été déjà une force pour la France. De cette grande lutte il pouvait sans doute sortir des périls pour nous. Mais quelle nation, si amie qu'elle soit de la paix, est assurée que pour conserver son honneur, elle ne sera pas forcée de faire la guerre? Quelles que soient les illusions dont on se berce, lorsqu'on a retourné en tous sens les situations de cette sorte, on est obligé de reconnaître que, pour le peuple qui soutient la plus modeste prétention comme pour celui qui lutte pour le plus grand intérêt, il n'y a que deux conduites possibles : ou pour éviter tout péril accepter les yeux fermés et à tout prix une transaction qui ainsi reçue, est humiliante; ou viser à un arrangement honorable à travers la possibilité et les périls d'une guerre.

Si la guerre a ses périls, la *paix à tout prix* peut avoir aussi les siens; qu'arriverait-il si la France donnait à ses ennemis l'idée qu'elle redoute tellement une guerre, qu'à aucun prix elle ne s'y engagerait? La crainte du péril n'accroîtrait-elle pas le péril lui-même? La certitude des concessions ne multiplierait-elle pas les exigences? Et si par l'effet d'*une politique pusillanime et égoïste*, la France tendait tous les jours à décliner au dehors, cet abaissement d'un pays encore si grand, ne pourrait-il pas faire naître quelque réaction intérieure; raviver des partis violents, habiles à s'emparer du sentiment national, ne pourrait-il pas réhabiliter l'émeute, et conduire la France à la guerre par l'anarchie?

Pour moi, je suis fermement convaincu qu'il y aurait tout à la fois plus d'habileté et moins de périls dans une conduite plus noble et plus digne.

Du reste, si, comme tout paraît l'indiquer, le ministère prend le pouvoir avec la volonté arrêtée de tout céder, il vaut mieux qu'il s'avance franchement dans cette voie que d'y entrer à demi. Au lieu de continuer et d'accroître des armements dispendieux, auxquels l'Europe ne croit plus, il fera bien de les cesser immédiatement et de supprimer ceux qui sont déjà faits. Au lieu de défendre par des moyens impuissants les intérêts et l'honneur de la France, il fera mieux de soutenir que ces intérêts n'existent pas, et que l'honneur de la France n'est point engagé. Il fera mieux de demander tout d'abord à la chambre de reconnaître et déclarer qu'elle s'est trompée depuis dix-huit mois, ainsi que le gouvernement du roi; qu'elle s'est animée pour des chimères, et qu'elle n'a plus qu'à renier sa propre politique. Alors il sera bien entendu que nous ne nous étions pas posés sérieusement dans la question d'Orient; que notre attitude en Europe, depuis le 27 juillet 1839, n'a été qu'un mensonge; que nous n'avons tenté d'y jouer un rôle que parce que nous espérions y rencontrer des avantages certains et pas un péril; que notre gouvernement était décidé à se refuser à tout rôle qui traînât à sa suite un danger; que si l'Angleterre nous eût offert d'agir contre la Russie, nous l'aurions refusé; que si même, d'accord avec toutes les puissances, il y eût eu une action commune à exercer, nous n'y eussions point pris part. Alors, tous ces points étant établis, il sera désormais bien constaté que la France n'a point d'affaires extérieures.—Alors la France se demandera quelle doit être la destinée d'un peuple dont le gouvernement ne veut rien entreprendre de grand; si, quand de grands événements se préparent, il ne se mêle à aucun; si, engagé dans une affaire, il s'en retire dès qu'il s'aperçoit qu'elle est considérable; et s'il ne s'accroît pas, quand tout s'augmente autour de lui. La France se demandera encore si elle peut longtemps demeurer en Europe, dans l'isolement qui lui a été fait; si le rôle qu'on lui a prêté, et si l'attitude humble et faible dans laquelle on la présente aujourd'hui sont propres à faire rechercher son alliance, et si on facilitera cette alliance pour la France en apprenant au monde qu'elle n'a point d'affaires extérieures ?

Alors la France comprendra pourquoi n'ayant point au dehors de grandes affaires, on lui en ménage de petites; elle comprendra pourquoi, abandonnant tout en Orient, son gouvernement ne cède rien, ni au Mexique ni à Buenos-Ayres; elle verra comment, précisément pour l'empêcher de tenter de grandes entreprises, on la charge de petits embarras. Alors il ne restera plus à la France qu'à s'enfermer, si elle le peut, dans ses frontières, comme la Suisse dans ses montagnes; elle n'aura plus qu'à s'entourer d'une grande muraille comme la Chine, et à vivre là sur elle-même, séparée de tous, sans la sympathie d'aucun peuple, sans action sur le monde, réfugiée dans un égoïsme obscur et borné; il ne lui restera plus qu'à déclarer qu'elle souffrira tous les affronts et tous les abaissements, et ne relèvera sa tête que si on vient la tourmenter sur le lit de repos où elle s'est couchée...

Je ne sais si cette destinée indigne de la France s'accomplira, mais ce qui me paraît certain c'est que l'avènement du ministère du 29 octobre est un grand pas dans cette voie : si j'en juge par ce qui se passe autour de moi, ce ministère recevra au moins momentanément de la majorité des Chambres le pouvoir d'accomplir une mission qui me paraît fatale...

Que les événements aient donc leur cours, je ne puis l'empêcher; mais en présence des périls qui s'offrent à mes regards, et au milieu des tristes pressentiments qui troublent mon âme, j'ai cru devoir constater par les moyens qui sont en moi, ce que je pense de l'œuvre néfaste qui se prépare et à laquelle je ne m'associe pas. Ce sentiment, je le constate pour mes concitoyens, et aussi pour moi-même. Peut-être dans d'autres temps serai-je heureux d'en retrouver l'expression.

23 Novembre 1840.

IMPRIMERIE DE H. FOURNIER ET Ce, RUE SAINT-BENOIT, 7.

www.ingramcontent.com/pod-product-compliance
Lightning Source LLC
Chambersburg PA
CBHW061337060726
47596CB00003B/1295